Qu'est-il arrivé au maillot ?

original story by
Jennifer Degenhardt

Translation and adaptation by
Theresa Marrama

Editing by
Françoise Piron

Cover art by
Zoe Bashor

For all kids who are as kind as
Mathieu and Jean.

TABLE DES MATIÈRES

Remerciements   i

Note   iii

Chapitre 1 – Mathieu   1

Chapitre 2 – Jean   4

Chapitre 3 – Mathieu   7

Chapitre 4 – Jean   10

Chapitre 5 – Mathieu   13

Chapitre 6 – Jean   17

Chapitre 7 – Mathieu   20

Chapitre 8 – Jean   25

Chapitre 9 – Mathieu   29

Chapitre 10 – Jean   33

Chapitre 11 – Mathieu   38

Chapitre 12 – Jean   42

Glossaire   47

About the Author   61

About the Translator   65

About the Editor   66

About the Cover Artist   67

REMERCIEMENTS

This book is not possible without the proverbial village. An enormous gratitude to Terri Marrama who translated and adapted the original story for French, keeping the desire to bring awareness to an African culture.

While I took on the task of practicing the past tense in French, we all owe a debt of gratitude to Françoise "Swaz" Piron for helping with the I-don't-remember-how-many errors I made. I am grateful to Swaz for allowing me to practice my French and suffering through my errors. While I'm improving, I'm delighted to have the support!

Finally, thank you to Zoe Bashor, an art student artist at the Paint it Black Art studio in Carlsbad, California, under the tutelage of Lisa Funston. Student artists at Paint It Black are a dream to work with as they are able to create such wonderful images from simple descriptions of the stories. *Merci !*

NOTE

In French, the **passé simple** is the usual tense for narrating stories in the past, especially in literary texts, fairy tales, and historical accounts. However, for our purpose in this reader, we are focusing on teaching students the **passé composé** and **imparfait**, which are the tenses most commonly used in everyday speech and writing. The **passé composé** is used for completed actions, while the **imparfait** describes ongoing situations, habits, or background details. By using these two tenses instead of the **passé simple**, students can better understand how to express past events in practical and conversational contexts.

Chapitre 1
Mathieu

Il y avait un garçon qui s'appelait Mathieu. Il avait 7 ans et il habitait dans une maison avec sa famille : sa mère, son père et sa sœur. Sa famille avait une maison avec trois chambres, une cuisine, un salon et deux salles de bains. La maison était bleue ; elle n'était pas grande, mais elle était parfaite pour la famille de Mathieu.

Sa famille était intéressante. Sa mère était originaire des États-Unis et son père de la Côte d'Ivoire. Sa famille habitait à New York et parlait français.

Mathieu était un garçon très actif. Il faisait beaucoup de sport, mais le football était son sport favori. Tous les jours Mathieu s'entraînait avec un ballon de foot. Mathieu regardait aussi beaucoup de vidéos de foot sur l'iPad. Il regardait les vidéos de foot de la Ligue 1 et du football professionnel français. Mathieu aimait beaucoup le sport.

Mathieu était un garçon heureux. Il regardait les vidéos de toutes les équipes de la Ligue 1, mais il avait une équipe favorite : le Paris Saint-Germain. C'était l'équipe la plus importante de Paris, en France. Les joueurs de l'équipe jouaient très bien. Un joueur important était Kylian Mbappé. Il était excellent. Sa position était avant. Dans un match, il avait souvent le ballon parce qu'il était très bon.

Dans l'équipe du Paris Saint-Germain, Kylian Mbappé était le numéro 29. Il jouait au football pour l'équipe nationale française parce qu'il était français. Son maillot pour l'équipe nationale était le numéro 12. Pour Mathieu, Mbappé était numéro 1, mais sur le maillot de l'équipe de Paris Saint-Germain, Mbappé était le numéro 29.

Mathieu était un garçon actif. Il s'entraînait au foot et il avait beaucoup d'uniformes d'équipes professionnelles. Il avait des tee-shirts, des shorts et des chaussettes. Un de ses uniformes était bleu et bordeaux. C'était l'uniforme de Kylian Mbappé de l'équipe du Paris Saint-Germain. Un autre uniforme était orange. C'était l'uniforme de Didier Drogba. L'uniforme avait le nom Drogba. Mathieu préférait les uniformes du Paris Saint-Germain !

Pour Mathieu, l'uniforme le plus spécial était l'uniforme régulier du Paris Saint-Germain. Le maillot était bleu et bordeaux avec des numéros blancs. Le short était bleu et les chaussettes étaient bleues aussi.

Quand c'était possible, Mathieu portait l'uniforme du PSG. Mathieu voulait porter cet uniforme pour son voyage en Côte d'Ivoire dans un mois. Un jour, il a dit à sa maman :

—Maman, où est mon maillot de Mbappé ?

—Il n'ést pas à la maison. Il était trop petit pour toi, répond sa maman.

—Mais maman, j'ai besoin du maillot pour la Côte d'Ivoire.

—Je suis désolée. Le maillot ést à Goodwill.

Mathieu n' était pas content. Mathieu avait besoin d'un maillot pour voyager. C'était son maillot favori.

Chapitre 2
Jean

Jean avait 6 ans. Il habitait dans un petit village près de l'océan Atlantique nord. L'océan Atlantique nord est au sud de la Côte d'Ivoire. Le village s'appelait Assinie. Il n'était pas grand. C'était un petit village.

À Assinie il y avait quatre restaurants, une église, des écoles et des maisons. Assinie n'avait pas beaucoup d'argent mais c' était un village très heureux. Les gens travaillaient beaucoup et les enfants étudiaient à l'école. Beaucoup de touristes aimaient visiter Assinie pour aller à l'océan.

Quelques personnes à Assinie parlaient deux langues. Dans beaucoup de villages près de l'océan Atlantique nord et en Côte d'Ivoire, il y avait des personnes indigènes. Ces personnes parlaient le dioula[1] et le français aussi. Il y avait beaucoup de langues

---

[1]dioula : a Mande language spoken in Burkina Fason, Ivory Coast and Mali.

indigènes en Côte d'Ivoire. Une des langues qu'on y parle était le dioula.

Jean parlait dioula parce que ses parents parlaient dioula. Il parlait dioula à la maison, mais il étudiait le français à l'école.

C'était le mois d'août et c'était un jour d'école. La maman de Jean a parlé à son fils en dioula et en français :

—*I ni sogoma*, Jean ! (Bonjour, Jean !)

—*I ni sogoma* (Bonjour), a dit Jean.

—Voici ton tee-shirt pour l'école, a dit la maman en français.

—Merci, maman.

Le tee-shirt de Jean était vert à l'image de Bob l'éponge. Le tee-shirt était originaire des États- Unis. C'était un tee-shirt d'occasion. Bob l'éponge n'était pas populaire en Côte d'Ivoire, mais le tee-shirt était en bon état. Jean avait un tee-shirt vert et un short noir. Il n'avait pas de chaussures.

Beaucoup d'enfants à Assinie n'avaient pas de chaussures. C'était normal.

Jean était un garçon heureux. Il avait beaucoup d'amis à Assinie. Il étudiait avec ses amis à l'école. Tous ses amis avaient des vêtements américains. Ces vêtements étaient très populaires parce qu'ils étaient bon marché.

Ce matin-là, Jean a marché vers l'école avec sa maman.

Chapitre 3
Mathieu

—Mathieu, a crié son papa, tu as l'entraînement de football aujourd'hui. As-tu tes chaussures ?

—Oui, papa. Il y a un match aujourd'hui ou seulement l'entraînement ? a demandé Mathieu.

—Seulement l'entraînement, fils. Le match est samedi.

—D'accord.

Mathieu avait beaucoup d'activités : il s'entraînait souvent au football, il s'entraînait à lacrosse et il jouait du piano aussi. Mathieu aimait beaucoup la musique. Le foot était son activité favorite, mais il aimait aussi la musique.

Dans deux semaines, Mathieu et sa famille vont en Côte d'Ivoire. Sa famille va au pays pour rendre visite à leur grand-mère. Mathieu aimait visiter la Côte d'Ivoire parce qu'il aimait parler français.

*****

Mathieu s'est préparé pour l'entraînement de football, mais il s'est préparé aussi pour le voyage en Côte d'Ivoire. Sa famille allait à la ville d'Abidjan. À Abidjan, Mathieu aimait visiter les marchés. Sa famille allait aussi aller à Man. Sa famille aimait visiter les cascades et une forêt où on pouvait voir des singes.

Dans la voiture en direction de l'entraînement de foot, Mathieu a parlé à son papa :

—Papa, en Côte d'Ivoire, je voudrais manger au restaurant Saakan et Chez Hélène.

—C'était bien, Mathieu. Nous mangerons dans ces restaurants. Nous mangeons dans ces restaurants tous les ans.

Saakan était un restaurant ivoirien sur l'avenue Chardy. C'était un restaurant très populaire à Abidjan. Chez Hélène était un restaurant africain.

—Papa, je veux aller à l'océan aussi, a dit Mathieu.

—Bien sûr, fils. Nous irons à l'océan. Nous allons à l'océan tous les ans.

Mathieu a pris le ballon de foot et l'uniforme rouge de son équipe et il va à l'entraînement de foot avec son papa.

Chapitre 4
Jean

Ce jour il faisait beau à Assinie. Il faisait frais, mais il y avait du soleil aussi. Ce matin, il y avait beaucoup de nuages.

Jean était dans sa petite maison avec ses parents, sa tante et ses cousins. Toute la famille habitait ensemble. La mère de Jean lui a parlé :

—Jean, tu dois rentrer à la maison après l'école. Ta tante va te préparer le déjeuner. Papa et moi, on doit travailler.

—D'accord, maman. Papa est à l'hôtel maintenant ? a demandé Jean.

—Oui, mon amour. Ton papa travaille maintenant.

La mère de Jean a marché au bord de l'océan pour aller à l'hôtel. L'hôtel s'appelait « L'Océan » ; il était près d'Assinie et de l'océan. La mère et le père de Jean travaillaient à l'hôtel. Sa mère était serveuse. Elle apportait de la nourriture aux gens qui visitaient l'hôtel. Beaucoup de gens du monde entier visitaient l'hôtel. Le père de Jean travaillait sur le quai de l'hôtel. Le quai était près de l'océan. Les bateaux et les taxis aquatiques arrivaient au quai. Le père de Jean aidait les gens avec leurs valises. Son papa déchargeait aussi les produits des bateaux qui arrivaient des autres villes.

La tante de Jean lui a parlé :

—Jean, tu as besoin de ce matériel pour l'école.

—Tatie[2], j'ai tout ici, a répondu Jean en français. Ce matin Jean avait beaucoup de questions.

—Tatie, il y a un match de football aujourd'hui à la télévision ? Je veux le regarder.

—Je ne sais pas.

—Tatie, tu connais Mbappé, le joueur du Paris Saint-Germain ?
—Non, je ne le connais pas.

---

[2] tatie : auntie.

Jean lui a dit :

–Je veux jouer comme lui. Je peux apporter le ballon de foot à l'école aujourd'hui ?

–Oui, d'accord Jean, a dit sa tante.

Le « ballon de foot » n'était pas réel. « Le ballon de foot » était en papier et en scotch. La famille n'avait pas d'argent pour acheter un ballon de foot. Jean a pris le ballon de foot pour l'utiliser à l'école. Ce n'était pas un bon ballon, mais c'était suffisant. Il a marché vers l'école avec sa tante et ses deux cousins. La maison était près de l'école et ils sont arrivés à l'école en quelques minutes.

Chapitre 5
Mathieu

Le jour où la famille de Mathieu allait en Côte d'Ivoire est arrivé enfin. Mathieu a décidé de porter l'uniforme orange de Drogba. Ce n'était pas son favori. L'uniforme de Mbappé était son favori, mais il ne l'avait pas. La mère de Mathieu lui a dit que l'uniforme était à Goodwill. L'uniforme d'occasion était prêt pour une autre personne.

Mathieu aimait voyager avec son sac à dos rouge, il a marché partout dans l'aéroport à New York. Mathieu a vu beaucoup de gens. Il y avait des Européens et il y avait des Asiatiques. Il y avait beaucoup d'activité dans l'aéroport.

Mathieu aimait voyager en Côte d'Ivoire parce qu'il aimait exercer le français, mais le voyage vers la Côte d'Ivoire était très long. Mathieu s'est reposé dans l'avion. Il a utilisé aussi l'iPad pour regarder les vidéos de son équipe favorite, le Paris Saint-Germain. Mathieu étudiait les vidéos parce qu'il voulait bien jouer.

–Maman, je regarde un match du Paris Saint-Germain. Mbappé et Neymar jouent très bien.

–Excellent, Mathieu. Mais tu ne peux regarder d'autres vidéos parce que tu dois lire ton livre, a dit sa maman.

–D'accord, maman. Mais je n'aime pas lire. Je veux jouer au football professionnel. Je n'ai pas besoin de lire.

La maman de Mathieu n'a pas répondu. Ce n'était pas nécessaire. Mathieu a fermé l'iPad et il a sorti son livre pour lire.

*****

La famille est arrivé à l'aéroport international, Port Bouet, dans la capitale de la Côte d'Ivoire.

La capitale s'appelait Abidjan. Mathieu et sa sœur parlaient beaucoup quand ils sont descendus de l'avion.

–Sophie, est-ce que tu veux aller au marché ? a demandé Mathieu.

—Bien sûr. Je veux aller au marché dimanche. J'aime bien regarder les gens.

—Oui ! Il y a beaucoup de gens le dimanche.

—On y vend beaucoup de jouets pour les enfants. Je veux acheter un ballon de foot, a dit Mathieu.

—Et un autre jour, nous allons aller aux cascades de Man, a dit Sophie.

—Non, Sophie. On ne peut pas aller aux cascades.

—Si, Mathieu. Maman a dit que c'est possible.

La discussion a continué quelques minutes de plus. Mathieu et sa famille ont pris un taxi pour aller à la ville de Man. Man était une ville qui avait une forêt, des cascades et des montagnes.

Dans le taxi, les deux enfants parlaient de Man et de ses attractions touristiques. La Dent de Man était une montagne qui ressemble à une dent. En haut de la montagne, il y avait une vue spectaculaire de la ville de Man. La forêt était une autre attraction. Beaucoup de touristes visitaient cette forêt pour voir des singes, des libellules et des papillons colorés.

Sophie et Mathieu parlaient aussi du marché. Beaucoup d'Ivoiriens allaient au marché le dimanche. Ils mangeaient une glace, ils regardaient les autres gens et ils écoutaient de la musique Zouglou[3]. À Man il y avait beaucoup d'activité. C'était une ville heureuse.

---

[3]Zouglou : a dance-oriented style of music originated in Côte d'Ivoire during the mid-1990s.

Chapitre 6
Jean

La maman de Jean a marché vers l'hôtel. L'hôtel L'Océan était à seulement cinq minutes de sa maison. Le chemin était très court et très beau. La maman a regardé l'océan Atlantique. Le matin, l'eau était grise, mais l'après-midi elle était turquoise. L'océan était beau.

Sur le chemin de l'hôtel, la maman de Jean a regardé les gens. Deux femmes marchaient vers l'océan avec de la nourriture dans un panier sur leur tête. Elles portaient un pagne[4]. Le pagne était le vêtement de tous les jours des femmes indigènes en Côte d'Ivoire. Toutes les femmes qui habitaient dans les villages portaient le pagne d'habitude.

La maman a regardé aussi des hommes. Les hommes travaillaient dans les plantations. Ils travaillaient pour produire des ananas ou du

---

[4]pagne : a traditional, brightly colored dress worn by women, most commonly in the rural areas and often with a matching head scarf.

cacao. Beaucoup de cacao dans le monde vient de Côte d'Ivoire. La maman de Jean a salué les hommes en dioula.

—*I ni sogoma* (Bonjour).

—*I ni sogoma*, ont répondus les hommes. *I ka kènè wa ?* (Comment ça va ?)

—*N'ka kènè kosobè ! (*Ça va très bien !*) I ka kènè wa ?*

—*N'ka kènè kosobè !*

Sur le chemin de l'hôtel, la maman de Jean a pensé à son fils. Jean aimait le football. Il s'entraînait tous les jours à la maison et à l'école. Et quand il y avait un match à la télévision, il regardait avec beaucoup d'intérêt. Son équipe favorite était une équipe de France, l'équipe de Paris. Il aimait les couleurs de l'uniforme. Jean avait beaucoup de joueurs favoris dans l'équipe : Mbappé bien sûr et Neymar.

Un jour, dans une conversation, Jean et sa maman ont parlé de son anniversaire.

—Maman, mon anniversaire est dans deux semaines.

—Oui, Jean. Nous allons le célébrer, a dit sa maman.

—Je voudrais un maillot de football. S'il te plait !

—C'ést possible, Jean.

La situation économique pour beaucoup de familles en Côte d'Ivoire était très difficile. Il n'y avait pas beaucoup d'argent. La maman de Jean était triste. Elle voulait acheter un cadeau spécial mais elle n'avait pas d'argent.

Sa maman a marché vers l'hôtel et entre dans le restaurant. Elle devait travailler toute la journée.

Chapitre 7
Mathieu

Mathieu parle français avec sa famille, mais il voulait améliorer son français. Quand il est à Man, Mathieu et sa sœur étudient le français dans une école. Il y avait des cours en petits groupes ou des cours particuliers. Dans la classe, Mathieu a appris à lire. Le français était facile pour Mathieu. Mathieu avait une excellente prononciation. La prof était très fière de lui.

—Mathieu, tu as appris beaucoup de français cette semaine. Je suis contente de toi, a dit la prof.
—Merci Madame Kone. J'aime étudier le français, a répondu Mathieu.

—Alors continue à étudier et lis plus. Tu peux lire les panneaux avec de grands mots. Ils sont faciles à lire, a dit la prof.

—**D'accord, madame.** Je vais m'exercer, a dit Mathieu.

*****

La famille est allée en voiture vers la côte pour rendre visite à leur grand-mère à Aboisso. En une semaine, Mathieu a appris beaucoup de français. Et il lisait très bien. Il lisait tous les panneaux qu'il a vu dans la rue et dans les restaurants. Il lisait tout le temps à haute voix.

—Bibliothèque. Restaurant. Pharmacie. Musées. Hôtel. Mathieu a prononcé le « h » comme en anglais.

—Mathieu, en français, on ne prononce pas le « h », le mot se dit « otel », a expliqué sa maman.

—Mais c'était le mot « *hotel* » en anglais, a dit Mathieu.

—Oui, mon amour. Il y a beaucoup de mots qui sont les mêmes ou qui se ressemblent en anglais et en français, a dit sa maman.

—Oh. D'accord.

Mathieu a lu un autre panneau. Ce n'était pas un panneau officiel, mais il a dit : « Ouvrez le ballot ici. » Mathieu l'a lu à voix haute.

—Papa, qu'est-ce que c'est « un ballot » ? a demandé Mathieu.

—Un ballot est une énorme quantité de vêtements qui arrivent en Côte d'Ivoire en provenance du Royaume-Uni ou des États-Unis, a dit son papa.

 —Ce sont de nouveaux vêtements ? a demande Mathieu.

—Non. Ce sont des vêtements d'occasion. Ce sont des vêtements que nous apportons à Goodwill et à d'autres organisations similaires. Les vêtements d'occasion sont très populaires ici, en Côte d'Ivoire.

—Pourquoi est-ce qu'on vend des vêtements dans la rue ?

En fait, les gens achètent des vêtements d'occasion. Ensuite, ils les revendent pour gagner de l'argent.

—C'ést un commerce informel pour les habitants de Côte d'Ivoire. Ils achètent des ballots de vêtements et ils les revendent.

Mathieu a beaucoup de questions : Qu'est- ce qu'un commerce informel ? On gagne beaucoup d'argent ? Qu'est-ce qui arrive aux vêtements qu'on ne peut pas revendre ?

Le papa de Mathieu a expliqué qu'un commerce informel était comme un « *yard sale* » aux États-Unis. Des gens vendaient et d'autres gens achetaient. Son papa ne savait pas ce qui arrivait aux vêtements qu'on ne pouvait pas revendre.

—Papa, est-ce que mon maillot de Mbappé était dans un ballot ?

—Je ne sais pas. C'était possible.

La famille a continué sur le chemin de la côte. Ils étaient dans la région du Sud-Comoé. Une région en Côte d'Ivoire est comme un état aux États-Unis.

Dans la voiture, la famille est passée par beaucoup de petits villages. Ils ont vu des petites maisons et beaucoup d'églises. Ils ont vu aussi des gens qui marchaient dans les rues. Il faisait très chaud et les gens transpiraient. Le climat était très différent du climat à Man.

Mathieu a lu d'autres panneaux.

Chapitre 8
Jean

C'était une journée ordinaire pour la famille de Jean. Les parents marchaient vers l'hôtel pour aller travailler et Jean marchait vers l'école avec sa tante et ses cousins.

L'hôtel n'était pas grand. C'était un petit hôtel avec dix chambres. L'hôtel était sur la plage ; il y avait une réception et un restaurant dans l'hôtel.

Les parents de Jean sont arrivé au restaurant et ont salué Berko, le patron de l'hôtel.
—Bonjour, ils ont dit.

—Bonjour Nia et Kanye. Comment allez-vous ? a demandé Berko.

—Bien, merci. Comment va ton commerce de ballots ? a demandé Kanye.

Kanye savait que Berko avait un autre commerce de vêtements américains. Son commerce était à Grand Bassam, un village près d'Abidjan et d'Assinie.

—Ça va bien, merci. Nous avons un nouveau ballot, a expliqué Berko.

—Ah oui ? As-tu un maillot de Mbappé ? a demandé Kanye, mais pas sérieusement.

—Incroyable. Oui, nous en avons un. Tu le veux ? a demandé Berko.

Nia a répondu immédiatement : Oui, Berko. S'il te plaît. C'est l'anniversaire de Jean dans six jours et il parle beaucoup d'un maillot.

—D'accord. Je peux te l'apporter demain.

Pendant la journée, Nia était très contente. Elle voulait acheter le maillot pour Jean. Le problème était qu'elle n'avait pas d'argent. Elle avait besoin d'un plan...

Kanye aussi pensait au maillot. Il voulait acheter le maillot pour Jean, mais il n'avait pas de francs CFA. C'était un problème. Mais il n'avait pas le temps de penser au problème. Un bateau a arrivé et les gens ont passé la nuit à l'hôtel. Kanye devait aider les gens avec les valises.

Dans le bateau il y avait aussi beaucoup de produits pour l'hôtel. Il y avait des boites de légumes, des sodas, des bouteilles d'eau et un grand sac de bananes plantain. L'hôtel servait beaucoup de bananes plantain parce que c'était un aliment traditionnel en Côte d'Ivoire.

Kanye a apporté des bouteilles au restaurant. Marcher sur la plage avec les bouteilles d'eau était très difficile. Quand il est arrivé au restaurant, Nia lui a parlé :

—Kanye. J'ai de bonnes nouvelles. Regarde ces vêtements. Une femme des États-Unis me les a donnés parce qu'elle n'en a pas besoin.

—Bien, Nia. Mais qu'est-ce que tu vas faire avec ces vêtements ? a demandé Kanye.

—Je vais les vendre au marché à Grand Bassam demain. Avec l'argent, je peux acheter le maillot pour Jean, a expliqué Nia.

—Bonne idée, Nia.

Le problème avait une solution. Kanye et Nia étaient très contents. Jean allait recevoir un nouveau maillot : le maillot spécial de Mbappé, son joueur favori.

Chapitre 9
Mathieu

—Mathieu, où est ton sac à dos ? Ta sœur est prête. Nous partons dans dix minutes, a dit sa maman.

—Maman, j'ai mon sac à dos. J'ai des vêtements pour deux jours : deux uniformes, des sous-vêtements, des chaussettes, un pyjama et un sweatshirt. Ça va ? a demandé Mathieu.

—Excellent. Tu vas aussi apporter le ballon de foot pour t'entraîner ?

—Bien sûr, maman. Je dois toujours m'entraîner, a dit Mathieu.

La famille allait à Assinie en voiture. L'océan ést dans la région du Sud-Comoé, en Côte d'Ivoire. L'océan était très beau. Le voyage vers le village d'Assinie était d'une heure en voiture. Il y avait beaucoup de circulation. Sur le chemin, Mathieu a lu les panneaux encore une fois.

Mathieu a vu aussi beaucoup de la Côte d'Ivoire. La Côte d'Ivoire n'était pas un pays riche en termes d'argent, mais c'était un pays riche en histoire et en culture. Par la fenêtre de la voiture, Mathieu a vu beaucoup de gens.

Les gens travaillaient dans des magasins. Ils travaillaient dans la construction et ils travaillaient aussi dans des champs. La Côte d'Ivoire avait beaucoup d'agriculture. Les produits les plus importants étaient le cacao, le café et les haricots. Un autre produit important était la banane. C'était important parce que les gens utilisaient la banane pour faire des bananes frites, ou, alloco[5]. L'alloco était important pour les Ivoiriens.

Enfin, la famille a arrivé au village d'Assinie, à l'est d'Abidjan.

Mathieu et sa famille ont descendu de la voiture et ont marché vers le quai. À quai, il y avait des bateaux, autrement dit des taxis aquatiques. Les bateaux arrivaient aux

[5]alloco : a popular West African snack made from fried plantain, often served with chili peppers and onions.

différents villages situés au bord de l'océan. Mathieu aimait beaucoup voyager en bateau. Mathieu était toujours à l'avant du bateau pour tout voir.

Mathieu a couru vers le quai. Visiter l'hôtel L'Océan était sa partie favorite du voyage en Côte d'Ivoire. Il était super-content.

—Allons-y, Sophie ! a crié Mathieu.

Sophie était plus âgée que Mathieu. Elle avait neuf (9) ans. Elle n'a pas couru.

Le papa de Mathieu a payé le conducteur du bateau. Il y avait beaucoup de gens sur le bateau, des touristes et des gens de la région. Il y avait aussi beaucoup de produits. Les bateaux allaient à chaque hôtel au bord de l'océan. C'était un système intéressant. Il n'y avait pas beaucoup de vent, alors il n'y avait pas beaucoup de vagues. Mais c'était différent sur l'océan l'après- midi. Il y avait beaucoup de vent l'après-midi.

Mathieu et Sophie ont regardé la vue. La vue sur l'océan était incroyable. La vue était belle. Ils aimaient regarder la vue.

Cinq minutes plus tard, la famille est arrivé au quai de l'hôtel L'Océan. Mathieu a sauté du bateau immédiatement pour aller à la réception de l'hôtel.

Chapitre 10
Jean

—*Ba* (maman), regarde. J'ai un maillot de Mbappé.

La maman de Jean était très occupée ce matin, mais elle a regardé son fils. Jean avait un « maillot » mais en réalité c'était un sac de plastique. Il ressemblait à l'uniforme national de France parce qu'il était bleu. Il y avait aussi le numéro 12 en blanc.

—Très bien, Jean. J'aime ton maillot. Tu vas le porter à l'école aujourd'hui ?
La maman de Jean n'a pas écouté la réponse. Elle avait beaucoup de travail. Elle devait vendre des vêtements d'occasion au marché. Elle voulait veut acheter le maillot pour son fils. Elle a mis les vêtements dans un grand sac pour aller à Grand Bassam. Elle voulait vendre les vêtements au marché. Elle voulait gagner de l'argent pour acheter le maillot de l'équipe de France avec le nom de Mbappé.

*****

Jean a marché vers l'école. Il portait l'uniforme parce qu'il allait jouer au foot pendant la récréation. Tous les garçons et une fille aussi jouaient au football sur le terrain de foot à côté de l'école.

L'école à Assinie était très petite. Dans l'école, il y avait seulement 80 élèves. Les élèves avaient de 5 à 12 ans. L'école avait des classes de la 1ère à la 6e année. Il n'y avait pas de classes à Assinie après la 6e. Les élèves devaient aller à l'école dans un autre village.

Les profs ont salué les élèves quand ils sont arrivés à l'école.

—*I ni sógóma. (Bonjour).*

Les profs parlaient dioula et français toute la journée. D'habitude, les enfants parlaient seulement dioula à la maison et apprenaient le français à l'école. Jean et son cousin ont salué les profs :

—*I ni sógóma.*

—Bonjour, a dit le prof en français. Répétez « Bonjour ».

—Bonjour, ont dit les enfants.

Le matin, Jean et les autres élèves apprenaient les mathématiques et la géographie en français. Les élèves apprenaient à lire et à écrire. Ils devaient beaucoup travailler, mais ils étaient contents. Les élèves d'Assinie étaient toujours contents.

À 10h00, c'était l'heure de la récréation et du casse-croûte Jean et ses amis voulaient sortir de l'école pour jouer au football sur le terrain de foot. Ils ont pris le ballon et ils sont allées au terrain de foot. Le ballon de football qu'ils utilisaient était en papier et en scotch. Ce n'était pas grave. Le ballon de football fonctionnait bien. Les enfants ont joué une demi-heure quand le prof a crié :

—Allez, rentrez !

Ils sont revenus dans l'école. Ils étaient fatigués mais très contents.

*****

La maman de Jean a passé une bonne journée au marché. Elle a vendu beaucoup de vêtements et elle a gagné suffisamment d'argent pour acheter le maillot. Elle avait beaucoup de chance. Elle allait acheter le maillot. À la fin de la journée, elle a pris le bateau pour aller à l'hôtel L'Océan. Berko était là avec le maillot.

Elle a arrivé au quai très contente. Elle a descendu du bateau et elle a vu Berko à la réception.

–Bonjour, Berko, a dit Nia.

–Bonjour. Comment ça va ? a demandé Berko.

–Je vais très bien, merci. J'ai l'argent pour le maillot.

–Très bien. Le voilà, a dit Berko.

Berko a sorti le maillot du sac en plastique. Le sac ressemblait au sac que Jean utilisait comme uniforme de Mbappé.

La maman de Jean a pris le maillot. C'était incroyable ! C'était un maillot officiel de l'équipe du Paris Saint-Germain : il était bleu et bordeaux avec de grands numéros blancs. Et bien sûr, le maillot avait le nom « Mbappé » au dos. Et, près du col du maillot il y avait les lettres M.A.S. La maman de Jean n'a pas compris pourquoi le maillot avait des lettres, mais ce n'était pas important. Elle était super contente parce qu'elle avait un cadeau pour son fils.

Chapitre 11
Mathieu

C'était mardi. Mathieu et sa famille passaient une autre journée à l'hôtel L'Océan. D'habitude, Mathieu aimait courir tout le temps, mais il n'y avait pas d'espace dans l'hôtel. Ce n'était pas important. Mathieu était très content dans cet hôtel. Il a parlé aux serveurs et aux serveuses. Il parlait aux employés aussi. Il était content parce qu'il explorait beaucoup.

Il a entré à la réception et il a vu les parents de Jean. Ils travaillaient. Ils préparaient la salle pour le dîner. Mathieu a dit :
—Bonjour, je m'appelle Mathieu.

Mathieu voulait parler français.

—Bonjour, comment ça va ? a demandé la maman de Jean.

—Ça va très bien, a répondu Mathieu.

Mathieu portait un autre uniforme aujourd'hui. C'était l'uniforme de Drogba.

Le maillot était très beau. Le maillot était de couleur **rouge avec des grands numéros blancs**. Bien sûr, le maillot avait le nom « Drogba » au dos.

—Mathieu, tu aimes le football ? a demandé le papa de Jean.

—Oui, bien sûr ! a répondu Mathieu.

—J'aime ton uniforme. C'est ton équipe favorite ? a demandé le papa de Jean.

—Non, j'aime Drogba, mais il ne joue pas au Paris Saint-Germain. Paris Saint-Germain est mon équipe favorite.

—Oh, mon fils aussi aime Paris Saint-Germain. Qui est ton joueur favori ?

—Mbappé, bien sûr. C'est le meilleur joueur de la Ligue 1, a dit Mathieu.

—Intéressant. Mon fils aussi aime Mbappé.

—Comment s'appelle votre fils ? a demandé Mathieu.

—Il s'appelle Jean. Son anniversaire est jeudi. Nous avons acheté un maillot de Mbappé pour son anniversaire, c'est une surprise.

—Très bien. J'avais un maillot de Mbappé mais ma maman l'a apporté à Goodwill. Je ne l'ai plus maintenant. Quel dommage. C'est vrai. J'ai trois uniformes mais Mbappé était mon favori.

La maman de Mathieu a entré à la réception en regardant son fils.

—Mathieu, qu'est-ce que tu fais ?

—Je parle à Nia. Nous parlons de football, a dit Mathieu.
Avec un sourire sa maman a répondu : Quelle surprise !

Pendant les trois jours que la famille de Mathieu passait à l'hôtel L'Océan, ils parlaient beaucoup avec Nia et Kanye. Ils étaient très sympathiques. Les parents de Mathieu et les parents de Jean parlaient beaucoup de la vie en Côte d'Ivoire, de la région du Sud-Comoé et d'Assinie. Nia a invité la famille chez elle pour célébrer l'anniversaire de Jean.

—Je voudrais vous inviter chez moi. Nous allons dîner à 19h00 pour célébrer l'anniversaire de Jean. Voulez-vous venir ?

La maman de Mathieu a répondu immédiatement.

—Oui. Nous aimerions venir. Merci.

*****

L'après-midi, Nia et Kanye ont quitté du travail et ils ont marché vers leur maison pour préparer le dîner. Nia a parlé à Jean :

—Jean, nous avons invité quelques amis pour célébrer avec nous ce soir, a dit Nia.

—Qui ? a demandé Jean.

—Une famille. Une maman, un papa, une fille et un fils. Le fils s'appelle Mathieu. Il a 7 ans. Il aime aussi le football.

—D'accord maman, a dit Jean.

Chapitre 12
Mathieu

Avant d'aller à la maison à Assinie pour le dîner d'anniversaire, la maman de Mathieu a parlé avec lui :

—Mathieu, nous allons dîner chez Kanye et Nia pour l'anniversaire de Jean. Nous devons un cadeau pour lui. Veux-tu lui donner ton uniforme de Drogba ?

Mathieu a réfléchi un moment.

—Oui, maman. Je voudrais lui donner l'uniforme. J'en ai beaucoup et Jean n'en a probablement pas beaucoup.

Avec sa famille, Mathieu a marché vers Assinie avec l'uniforme et le ballon de football. Il voulait jouer au football avec Jean. Mathieu voulait toujours jouer au football.

La famille de Mathieu a arrivé à la maison de la famille de Jean et immédiatement, les deux garçons ont commencé à jouer au football. Les deux garçons étaient très contents.

Jean a dit : j'aime ton ballon de foot. Je n'en ai pas.

—C'est un ballon de foot du marché. Tu le veux ? a demandé Mathieu.

—Sérieux ? Oui, bien sûr !

Mathieu lui a donné son ballon de foot. Les deux garçons sont allés à la salle à manger pour le dîner. La nourriture était délicieuse. C'était du *kedjenou*[6], un plat typique de la Côte d'Ivoire. C'était un ragoût. Dans le ragoût, il y avait du poulet et des légumes.

Après le dîner, la maman de Jean a parlé :

—Jean, nous avons un cadeau spécial pour toi pour ton anniversaire. D'habitude, nous ne célébrons pas, mais comme tu aimes le football...

_____

[6]kedjenou; a traditional, slow-cooked, spicy stew that is prepared with chicken or guinea hen and vegetables.

Les parents de Jean lui a donné le maillot du Paris Saint-Germain avec le numéro 29 et le nom Mbappé au dos du maillot. Jean était surpris et très content !

—Merci, papa et maman. Merci !

Jean a mis immédiatement le maillot. La maman de Mathieu a vu quelque chose d'intéressant sur le maillot : les lettres M.A.S sur le col.

—Jean, je peux voir ton maillot ? a demandé la maman de Mathieu.

—Oui.

La maman de Mathieu a examiné le maillot. Avec un grand sourire, elle a dit : Mathieu c'est TON maillot ! Il y a les lettres M.A.S., tes initiales !

Tout le monde s'est parlé et ils étaient tous très contents de la nouvelle amitié entre les deux familles.

Mathieu a parlé à Jean et lui a donné l'uniforme de Drogba :

—Jean, cet uniforme est aussi pour toi. Mbappé est le meilleur, mais Drogba est bon aussi.

—Merci, Mathieu.

Deux heures plus tard, la famille de Mathieu a marché vers l'hôtel L'Océan. Ils ont retournés à Abidjan le lendemain. Avant de dormir, Mathieu a dit à ses parents :

—Nous allons revenir à l'hôtel L'Océan et à Assinie un jour ?

—Oui, Mathieu. Nous venons en Côte d'Ivoire tous les étés. Pourquoi ? a dit sa maman.

—Je veux revoir Jean.

—Très bien.

—Et je veux apporter plus de vêtements. J'ai beaucoup de vêtements, de chaussures et d'uniformes et Jean en a moins que moi. Je veux partager.

La maman et le papa de Mathieu s'ont regardés. Tous les deux avaient un grand sourire parce qu'ils savaient que leur fils a apprenait beaucoup plus que lire en français dans ce voyage en Côte d'Ivoire.

GLOSSAIRE

The translations provided are specific to the context in which they are used in this book.

A

a - had
à - to, at
Abidjan - capital city of the Ivory Coast
Aboisso - a town in SE Ivory Coast
(d') accord - okay
achètent - buy
achetaient - bought
achètent - buy
acheté - bought
acheter - to buy
actif - active
activité(s) - activity(ies)
aéroport - airport
africain - African
(plus) âgée - older
agriculture - agriculture
ah - ah
ai - have
aidait - helped
aider - to help
aimaient - liked
aimait - liked
aime - like/s
aimerions - liked
aimes - like
aliment - food

allaient - went
allait - was
aller - to go
allez - go
alloco - popular West African snack made from fried plantain, often served with chili peppers and onions.
allons - go
allé/e(s) - went
alors - so
amis - friends
amitié - friendship
amour - love
améliorer - to improve
américains - American
ananas - pineapples
anglais - English
anniversaire - birthday
année - year
ans - years
août - August
appelait - called
appelle - calls
apportait - brought

apporter - to bring
apportons - bring
apporté - brought
apprenaient - were
    learning
appris - learned
après - after
après-midi -
    afternoon
appris - learned
argent - money
arrivaient - were
    arriving
arrivait - was
    arriving
arrive - arrive/s
arrivent - arrive
arrivé/e(s) - arrived
as - have
asiatiques - Asian
Assinie - coastal
    resort town in
    southeastern Ivory
    Coast
Atlantique - Atlantic
attraction(s) -
    attraction(s)
au(x) - to the, at
    the
au revoir - good-bye
aujourd'hui - today
aussi - too
autochtones -
    indigenous
autre(s) - other

autrement -
    otherwise
avaient - had
avais - had
avait - had
avant - before
avec - with
avenue - avenue
avion - plane

B

ballon - ball
ballon de football -
    soccer ball
ballot(s) - bundle(s)
banane(s) -
    banana(s)
bateau(x) - boat(s)
beau - beautiful
beaucoup - much, a
    lot
belle - beautiful
(avoir) besoin - to
    need
bibliothèque -
    library
bien - well
bien sûr - of course
blanc(s) - white
bleu/e(s) - blue
boites - boxes
bon/ne(s) - good
bon marché - cheap
bonjour - hello
bord - edge

bordeaux - maroon
bouteilles - bottles

C
c'/ça/ce - that, this, it
cacao - cocoa
cadeau - gift
café - cafe
capitale - capital
cascades - waterfalls
casse-croûte - snack
célébrer - to celebrate
célébrons - celebrate
celui - the one
ces - these
cet/te - this
CFA - currency of Ivory Coast
chambres - rooms
champs - fields
chance - luck
chaque - each
chaud - hot
chaussettes - socks
chaussures - shoes
chemin - way
chez - at/to the house of
chose - thing
cinq - five
circulation - traffic
classe(s) - class(es)
climat - climate

col - collar
colorés - colorful
comme - like, as
commencé - started
comment - how
commerce - business
compris - understood
conducteur - driver
connais - know
construction - construction
content/e(s) - happy
continue - continues
continué - continued
conversation - conversation
couleur(s) - color(s)
courir - to run
cours - class
court - runs, short
couru - ran
cousin(s) - cousin(s)
crié - yelled
cuisine - kitchen
cultiver - to cultivate/grow
culture - culture

D
d'/de/des - of, from
dans - in
déchargeait - unloaded
décidé - decided
déjeuner - lunch

délicieuse - delicious
demain - tomorrow
demandé - asked
demi-heure - half hour
dent - tooth
descendu/e(s) - descended
désolée - sorry
deux - two
devaient - had to
devait - had to
devons - must
(d') habitude - as usual
difficile - difficult
différent(s) - different
dimanche - Sunday
Dioula - a language spoken in the Ivory Coast
direction - direction
discussion - discussion
dit - says
dix - ten
dois - must
doit - must
(quel) dommage - what a shame
donner - to give
donné(s) - gave
dormir - to sleep
(au) dos - on the back

du - of/from the

E

eau - water
école(s) - school(s)
économique - economic
écoutaient - listened
écouté - listened
écrire - to write
église(s) - church(es)
élèves - students
elle - she
elles - they
employés - employees
en - in, on
encore - again
encore une fois - once more
enfants - children
enfin - finally
énorme - huge
ensemble - together
ensuite - next
entier - entire
entraînait - practiced
entraînement - practice
entraîner - to practice
entre - between
entré/e(s) - entered
éponge - sponge

50

équipe(s) - team(s)
espace - space
est - is
et - and
étaient - were
était - was
état(s) - state(s)
États-Unis - United States
étudiaient - studied
étudiait - studied
étudier - to study
étés - summers
eu - had
Européens - Europeans
examiné - examined
excellent/e - excellent
exercer - to practice
explique - explain/s
expliqué - explained
explorait - explored

F

facile(s) - easy
faire - to do
fais - do
faisait - did
fait - does
famille(s) - family(ies)
fatigués - tired
favori(s) - favorite
favorite - favorite

femme - woman
femmes - women
fenêtre - window
fermé - closed
fière - proud
fille - girl, daughter
fils - son
fin - end
fonctionnait - worked
foot/football - soccer
forêt - forest
frais - cool
français/e - French
France - France
francs - francs
frites - fried

G

gagne - wins
gagner - to win
gagné - won
garçon - boy
gens - people
glace - ice cream
Goodwill - resale thrift store/ organization in the U.S.
grâce à - thanks to
grand/e(s) - big
Grand Bassam - a town in Ivory Coast
grave - bad, serious

grise - gray
groupes - groups
géographie -
    geography

H
habitaient - lived
habitait - lived
habitants -
    inhabitants
haricots - beans
haut/e - top, high
heure(s) - hour(s)
heureuse - happy
heureux - happy
histoire - history,
    story
hommes - men
hôtel - hotel

I
ici - here
idée - idea
il - he
ils - they
image - image
immédiatement -
    immediately
important/e(s) -
    important

incroyable -
    incredible
informel - informal
initiales - initials

international -
    international
intérêt - interest
intéressant/e -
    interesting
inviter - to invite
invité - invited
iPad - iPad
irons - will go
ivoirien(s) - Ivorian

J
j'/je - I
jeudi - Thursday
jouaient - played
jouait - played
joue - play/s
joué - played
jouent - play
jouer - to play
jouets - toys
joueur(s) - player(s)
jour(s) - day(s)
journée - day

L
l'/la/le(s) - the
là - there
langues - languages
légumes - vegetables

lendemain - next day
lettres - letters
leur(s) - their

libellules - dragonflies
ligue - league
lire - to read
lis - read
lisait - read, was reading
livre - book
long - long
lu - read
lui - him/ to him

M

m'/me - me
ma - my
madame - Mrs.
magasins - stores
maillot - jersey
maintenant - now
mais - but
maison(s) - house(s)
maman - mom
Man - town in Ivory Coast
mangeaient - ate
mangeons - eat
manger - to eat
mangerons - will eat
marchaient - were walking
marchait - was walking
marcher - to walk
marché(s) - market(s)
mardi - Tuesday

match - match
mathématiques - math
matin - morning
matériel - material
meilleur - better
merci - thank you
mes - my
midi - noon
minutes - minutes
mis - put
moi - me
moins - less
mois - month
moment - moment
mon - my
monde entier - entire world
montagne(s) - mountain(s)
mot(s) - word(s)
musées - museum(s)
musique - music

N

n'/ne - not
national/e - national
nécessaire - necessary
neuf - nine
ni - neither...nor
noir - black
nom - name
non - no
nord - north

normal - normal
nourriture - food
nous - we
nouveau(x) - new
nouvelle(s) - new
nuages - clouds
nuit - night
numéro(s) -
    number(s)

O

(d')**occasion** - second
    hand, used
occupée - occupied
océan - ocean
officiel - official
oh - oh
on - one, we
ont - have
orange - orange
ordinaire - ordinary
organisations -
    organizations
originaire - originally
    from
ou - or
oui - yes
ouvrez - open

P

pagne - a
    traditional,
    brightly colored
    dress worn by
    women, most

commonly in the
    rural areas and
    often with a
    matching head
    scarf
panier - basket
panneau(x) - sign(s)
papa - dad
papier - paper
papillons -
    butterflies
par - by, through
parce que - because
parents - parents
parfaite - perfect
parlaient - were
    speaking
parlait - was
    speaking
parle - speak/s
parler - to speak
parlons - speak
parlé - spoke
partager - to share
particuliers -
    particular
partie - part
partons - leave
partout - everywhere
pas - not
passaient - were
    passing
passait - was passing
passé - passed, spent
patron - boss
pays - country

payé - paid
pendant - while, during, for
pensait - was thinking
penser - to think
pensé - thought
personne(s) - person(s)
petit/e(s) - small
peut - can
peux - can
pharmacie - pharmacy
piano - piano
plage - beach
plan - plan
plantain - banana
plantations - plantations
plastique - plastic
plat - dish
plus - more
populaire(s) - popular
Port Bouet - suburb of Abidjan, Ivory Coast
portaient - wore
portait - wore
porter - to wear
position - position
possible - possible
poulet - chicken
pour - for
pourquoi - why

pouvait - could
près - near
préférait - preferred
préféré - favorite
préparaient - prepared
préparer - to prepare
préparé - prepared
pris - taken
probablement - probably
problème - problem
produit(s) - product(s)
prof(s) - teacher(s)
professionnel/les - professional
prononce - pronounces
prononciation - pronunciation
provenance - source, origin
pyjama - pajamas

Q

qu' - what
qu'on - that one
quai - dock
quand - when
quantité - quantity
quatre - four
que - that
quel/le - what

quel dommage –
  what a shame
quelque(s) - few
questions - questions
qui - who
quitté - left

R

ragoût - stew
réalité - reality
réception -
  reception
recevoir - to receive
récréation -
  recreation
réel - real
réfléchi - thought
regardaient - were
  watching
regardait - was
  watching
regardant - watching
regarde - watch/es
regarder - to watch
regardé(s) - watched
région - region
rendre (visite) - to
  pay a visit
rentrer - to return
rentrez - return
répétez - repeat
répondu - responded
réponse - response
reposé - rested

ressemblait -
  ressembled
ressemblent -
  ressemble
restaurant(s) -
  restaurant(s)
retournés - returned
revendent - resell
revendre - to resell
revenir - to come
  back
revenus - came back
riche - rich
rouge - red
Royaume-Uni –
  United Kingdom
rue(s) - street(s)

S

s'/se - him/herself
sa - his, her
sac - bag
sac à dos - backpack
sais - know
salle - room
salles de bains -
  bathrooms
salon - living room
salué - greeted
samedi - Saturday
sauté - jumped
savaient - knew
savait - knew
scotch - tape
semaine(s) - week(s)

sérieusement - seriously
servait - was serving
serveurs - servers
serveuse(s) - server(s)
ses - his, her
seulement - only
short(s) - short(s)
s'il te plaît - please
si - if
similaires - similar
singes - monkeys
sites - sites
situation - situation
situés - located
six - six
sodas - soda
soir - evening
soleil - sun
solution - solution
son - his, her
sont - are
sorti - took out, went out
sortir - to go out
sourire - smile
sous - under
sous-vêtements - underwear
souvent - often
spécial - special
spectaculaire - spectacular
sport - sport
sud - south

Sud-Comoé - a region in Ivory Coast
suffisamment - enough
suffisant - sufficient
suis - am
super - super
sur - on
surpris - surprised
surprise - surprise
sweatshirt - sweatshirt
sympathiques - nice
système - system

T
t'/te - you
ta - your
tante - aunt
tard - late
tatie - auntie
taxi(s) - taxi(s)
tee-shirt(s) - T-shirt(s)
télévision - television
temps - time
termes - terms
terrain - land
(au) terrain de foot - soccer field
tes - your
toi - you
ton - your

toujours - always
touristes - tourists
touristiques - tourist
tous - all
tout/e(s) - all
très - very
traditionnel -
   traditional
transpiraient - were
   sweating
travail - work
travaillaient - were
   working
travaillait - was
   working
travaille - work/s
travailler - to work
triste - sad
trois - three
trop - too
tu - you
turquoise - turquoise
typique - typical

U

un/e - a, an
uniforme(s) -
   uniform(s)
utilisaient - used
utilisait - used
utilisé - used
utiliser - to use

V

va - goes
vagues - waves
vais - go
valises - suitcases
vas - go
vend - sell
vendaient - were
   selling
vendre - to sell
vendu - sold
venir - to come
venons - come
vent - wind
vers - towards
vert - green
vêtements - clothes
veux - want
vidéos - videos
vie - life
vient - comes
village(s) - town(s)
ville(s) - city(ies)
visitaient - were
   visiting
visite - visit/s
visiter - to visit
voici - here is
voilà - here is
voir - to see
voiture - car
voix haute - aloud,
   out loud
votre - your
voudrais - would like

voulaient - wanted
voulait - wanted
voulez - want
vous - you plural/
    formal
voyage - trip
voyager - to travel
voyait - was seeing

vraiment - really
vu - seen
vue - view

Y

y - there

ABOUT THE AUTHOR

Jennifer Degenhardt taught high school Spanish for over 20 years and now teaches at the college level. At the time she realized her own high school students, many of whom had learning challenges, acquired language best through stories, so she began to write ones that she thought would appeal to them. She has been writing ever since.

Other titles by Jen Degenhardt:

Sancho en San Juan
Los chicos: Matías y Brayan | The Boys: Matías and Brayan
La chica nueva | *La Nouvelle Fille* | The New Girl | *Das Neue Mädchen* | *La nuova ragazza*
La invitación | *L'invitation* | The Invitation | *L'invito* | *Die Eindalung*
Salida 8 | *Sortie no. 8* | Exit 8
Raíces
Chuchotenango | *La terre des chiens errants* | *La vita dei cani* | Dogland
Pesas | *Poids et haltères* | Weights and Dumbbells | *Pesi*
Moda personal | *Style personnel*
LUIS, un soñador | *Le rêve de Luis* | Luis, the DREAMer
El jersey | The Jersey | *Le Maillot*
La mochila | The Backpack | *Le sac à dos*
Moviendo montañas | *Déplacer les montagnes* | Moving Mountains | *Spostando montagne*
La vida es complicada | *La vie est compliquée* | Life is Complicated

El verano de las oportunidades | <u>Summer of Opportunities</u>

Clic o no clic: la decisión final | *Cliquer ou ne pas cliquer : la décision finale*

El Mundial | *La Coupe du Monde* | <u>The World Cup</u> | *Die Weltmeisterschaft in Katar 2022* | *La Coppa del Mondo*

Quince | <u>Fifteen</u> | *Douze ans*

El viaje difícil | *Un voyage difficile* | <u>A Difficult Journey</u>

La niñera | <u>The Nanny</u>

¡¿Fútbol…americano?! | *Football…américain ?!* | <u>Soccer->Football??!!</u>

Era una chica nueva | *La nouvelle fille est arrivée*

Levantando pesas: un cuento en el pasado

La vida era complicada

Se movieron las montañas

Fue un viaje difícil | *C'était un voyage difficile*

¿Qué pasó con el jersey? | *Qu'est-il arrivé au maillot ?*

Cuando se perdió la mochila

Con (un poco de) ayuda de mis amigos | <u>With (a little) Help from My Friends</u> | *Un petit coup de main amical* | *Con (un po') d'aiuto dai miei amici*

La última prueba | <u>The Last Test</u>

Los tres amigos | <u>Three Friends</u> | *Drei Freunde* | *Les trois amis*

La evolución musical

María María: un cuento de un huracán | <u>María María: A Story of a Storm</u> | *Maria Maria: un histoire d'un orage*

Debido a la tormenta | <u>Because of the Storm</u>

La lucha de la vida | <u>The Fight of His Life</u>

Secretos | *Secrets (French)* | <u>Secrets Undisclosed</u> (English)

Como vuela la pelota

Cambios | *Changements* | <u>Changes</u>

De la oscuridad a la luz | <u>From Darkness into Light</u> | *Dal buio alla luce* | *De la obscurité à la lumière* | *Aus der Dunkelheit ins Licht*

El pueblo | <u>The Town</u> | *Le village*

@jendegenhardt9

@PuentesLanguage
World LanguageTeaching Stories (Facebook group)

Visit www.puenteslanguage.com to sign up to receive
information on new releases and other events.

Check out all titles as ebooks with audio on
www.digilangua.co.

ABOUT THE TRANSLATOR

Theresa Marrama has been teaching French to both middle and high school students since 2007. She lives in Northern New York. Since the age of 15, she has had a passion for language and culture. This passion has only continued to grow since she has stepped into the classroom!

Theresa is also a published CI author. She specializes in writing comprehensible readers in both French and Spanish. She has books available in German as well. She believes in the power of reading, and wants her students, as well as students everywhere, to be totally engaged and empowered to learn through reading. You can check out her novels if you click on the bookstore link above. These novels will connect with your students as they cover a range of topics, cultures, life lessons, life choices and so much more.

www.compellinglanguagecorner.com

ABOUT THE EDITOR

Françoise "Swaz" Piron was born and raised in Geneva, Switzerland, the daughter of a French mother and a Belgian father. She taught French (and German) at South Jefferson CSD for 35 years and retired in June 2021. She is a member of several world language teacher organizations, including ACTFL, NYSAFLT and AATF. She was a regular item writer and consultant at the NYS Education Department for the two French state exams for over 20 years. Swaz has presented numerous workshops at the local, state and national levels. She is the recipient of several NYSAFLT awards, was named "Chevalier dans L'Ordre des Palmes Académiques" by the French Ministry of Education and is the co-author of the book *"World Class, the Re-education of America"*. When she is not proofreading or translating readers, she can be found doing outdoor activities, reading or working as a server in a local restaurant.

ABOUT THE COVER ARTIST

Zoe Bashor is an inventive, energetic, and productive dragon lover. Zoe enjoys math, science, and the performing arts. When choosing how to spend her time, she will often engage in creative play, building Lego Dragons, innovative crafting, beading, or just feeling grateful. Zoe longs to be an actor or dragon trainer. She would also be okay with owning a craft store and just crafting all day long. Her parents hope she will explore a career as an architect or fine arts teacher.

www.ingramcontent.com/pod-product-compliance
Lightning Source LLC
Chambersburg PA
CBHW060350050426
42449CB00011B/2902